AF339551

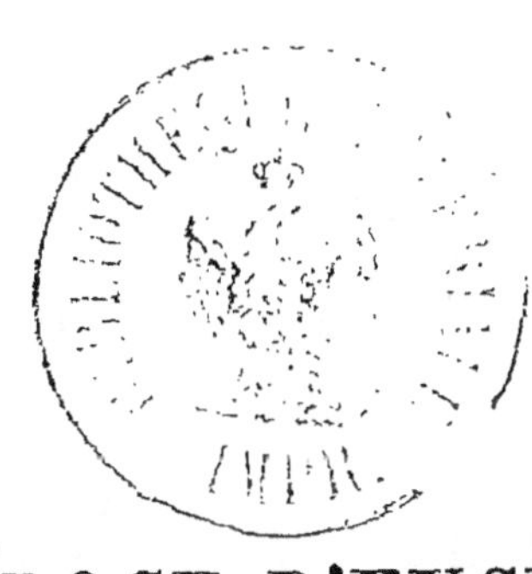

ÉLOGE D'EUGÉNIE DE GUÉRIN

ÉLOGE

D'EUGÉNIE DE GUÉRIN

DISCOURS

Très honorablement mentionné par l'Académie des
Jeux-Floraux

PAR

M. G. VIGUIER

Curé de Malves (Aude)

TOULOUSE
TYPOGRAPHIE FRANC ET COMPAGNIE
—
1867

A MA CHÈRE APOLLONIE

O ma sœur! tu fus une autre Eugénie pour moi!... avec une différence néanmoins : c'est que le frère d'Eugénie de Guérin était le fils de sa tendresse, le fils de son cœur, tandis que je fus le père du tien. Elle aima comme une mère, et je t'aimai comme un père ; car tu étais mon tout de ce monde !

Toutefois, ton amour de sœur-fille égala celui de la sœur-mère.

Loin d'affaiblir la vivacité de notre pure affection, l'espace, hélas ! qui nous sépare, n'a fait que l'aviver davantage. Ces pages en sont l'écho affaibli. N'ayant pu te les offrir, je les dépose sur ta tombe, las ! encore fraiche...

TON FRÈRE.

Malves, le 2 novembre 1867.

ÉLOGE D'EUGÉNIE DE GUÉRIN

La vertu sans la poésie, oh ! j'oserais
presque dire que ce n'est pas la vertu
chrétienne tout entière.

(MONSEIGNEUR DE LA BOUILLERIE.)

Messieurs ,

Nos temps agités, fiévreux ne ressemblent point à
d'autres temps. Ne dirait-on pas, en effet, que notre
siècle est arrivé au terme extrême de ses égarements,
de ses défaillances et de ses épreuves ? Ne dirait-on pas
qu'il est las des avilissantes doctrines, et fatigué de
poursuivre un faux idéal qui paralyse ses hautes pensées,
ou qui le condamne à des labeurs mortels ? De même
qu'à travers les guerres incessantes il aspire à la paix,
au repos politique, ainsi à travers les systèmes, les
conflits, les révolutions, il semble aspirer à fixer son
repos intellectuel sous les auspices du spiritualisme
chrétien. Ce serait revenir à la vie et ressaisir le sceptre
de la poésie et de l'éloquence ; car les nobles accents,
les délicatesses de l'idéal, les œuvres fécondes et vi-
vantes ne se trouvent que là.

Eugénie de Guérin vous est apparue, Messieurs, comme l'étoile matinale de ce jour serein ; et, dans la faveur du public, écho de vos convictions, vous avez trouvé une première réalisation de vos espérances.

Lorsque cette pure et brillante étoile a fait naguère son apparition dans les régions nébuleuses du monde littéraire, les échos de tous les horizons ont répété ses louanges avec émotion, tous les esprits ont admiré son éclat singulier, tous les cœurs se sont ouverts à son doux rayonnement.

Egalement sympathiques à tous les goûts et à toutes les opinions, ses *Lettres* et son *Journal* ont charmé le vieillard aussi bien que le jeune homme, la jeune femme aussi bien que le philosophe. L'homme grave y a trouvé un utile délassement, et l'homme de lettres son inspiration. La femme du monde les a placés dans son boudoir comme un bijou, la jeune fille les a gardés dans sa chambrette comme un aimable conseiller, et le prêtre y a appris la direction des âmes. Quiconque possède un esprit fin et un cœur délicat a savouré le parfum de cette belle âme.

Une autre femme de ce siècle, génie austère et viril, plus profonde que madame de Staël, et autant admirée que madame Récamier, la digne émule des femmes illustres du dix-septième siècle, madame Swetchine n'a point obtenu la faveur universelle qui s'attache aux œuvres d'Eugénie de Guérin. Quel est donc le secret de ce charme puissant et étrange, qui attire tout à coup vers cette personnalité hier inconnue ? Quels sont les traits de cette physionomie rare et pleine de fascination ?...

Voilà, Messieurs, ce que j'ose essayer d'expliquer et de peindre.

Eugénie de Guérin n'est pas, comme madame Swetchine, un écrivain savant et viril, une de ces femmes illustres à l'égal des grands hommes; non, elle est et reste femme en tout.

Caractère achevé, caractère type, produit délicat et charmant de la foi jointe à la poésie, elle est l'œuvre du spiritualisme chrétien, elle est une sorte de *Génie du christianisme* personnifié.

De telles âmes sont aujourd'hui rarement montrées au monde, et il ne peut y avoir trop de voix qui les louent, ni trop de monuments qui perpétuent leur souvenir.

Et d'abord, quel charmant tableau d'intérieur ! Dans le manoir antique et pauvre du Cayla (1), M. de Guérin mène une vie simple, une vraie vie de patriarche, « creusant des puits, plantant des vignes, » et provoquant cette exclamation virgilienne de sa fille : « Oh ! la belle vie que celle de cultivateur (2) ! »

Eugénie, la troisième de ses cinq enfants, est l'âme de la maison dont il est le bras vaillant. De même qu'il est entouré, écouté, visité comme le vieux Nestor de la contrée, elle est aimée, chérie comme l'ange du foyer, et « placée dans le cœur de ses amies comme sur un autel (3). »

Chacun veut avoir de ses lettres, et ceux qui en ont les gardent comme un trésor.

Les travaux les plus vulgaires du ménage, les soins

(1) Près Gaillac (Tarn).
(2) *Lettres passim.*
(3) Idem.

nombreux d'une famille à qui elle sert de mère (1), quelques relations aimables, mais peu nombreuses, un voyage dans le Nivernais, deux autres à Paris composent tous les incidents de son histoire.

Et cependant, quel agrément revêt sous sa plume cette vie en réalité uniforme! Quel charme, quel relief inattendus !

Créature merveilleusement douée, elle sait penser comme les philosophes, écrire comme les poètes, aimer comme les mères, ou peut-être comme les anges...

Femme forte et positive dans la manière dont elle tient sa maison, elle passe volontiers du fourneau à la chambrette studieuse, et de la cuisine à la visite des pauvres malades. Ses doigts quittent aisément le fuseau pour la plume, ou la plume pour le fuseau. Lire, écrire est pour elle un bonheur, une nécessité, comme pour l'oiseau de voler, mais jamais au préjudice du ménage.

C'était le temps où la France du dix-neuvième siècle chantait et rêvait !...

Loin de la solitaire du Cayla les futiles œuvres de nos romanciers en vogue, ou les produits légers et trop souvent malsains de la littérature contemporaine! Ils lui inspirent une sorte de dégoût; son esprit réclame un aliment meilleur et plus substantiel.

Ce qu'il préfère, ce sont les ouvrages historiques, les volumes de poésie vraie, les maîtres de la vie spirituelle, les écrivains profonds, tels que Bossuet, saint Augustin, Leibnitz : « C'est toujours livre ou plume, dit-elle, que « je touche en me levant; les livres pour prier, pour ré- « fléchir. Ce serait mon occupation de tout le jour, si « je suivais mon attrait, ce quelque chose qui m'attire

(1) A l'âge de neuf ans elle avait reçu le dernier soupir de madame de Guérin.

« au recueillement, à la contemplation intérieure (1). »

Malheureusement les livres manquent à son avide esprit, et la pauvreté, quoique acceptée sans murmure, trompe sa très légitime ambition d'une plus riche bibliothèque.

Quand les circonstances l'éloignent de sa solitude, elle n'aime pas les horizons bornés, ni l'atmosphère parisienne; mais sa nostalgie disparaît, pourvu que, « de sa fenêtre, elle ait un grand ciel (2), et près de « sa demeure une église. »

Née dans la campagne, « élevée entre ciel et terre, en « plein air, » elle se trouve heureuse « d'être restée « dans l'ignorance de tout ce qui porte au mal ou le « développe en nous; à l'âge où les impressions sont les « plus vives, elle n'en a eu que de pieuses (3). »

Ce n'est donc pas du monde que lui viennent ses pensées et ses affections, « du monde dont le sot rire ne l'é-« gaie pas (4). »

Ce qu'elle sait sous ce rapport (elle le note avec toutes les grâces naïves d'une enfant) lui vient « presque « d'instinct, d'inspiration, comme la poésie, » et lui suffit « pour paraître partout avec aisance et dis-« tinction. » Elle qui perd contenance à passer parmi des paysans qui la regardent, « aborde sans embarras « les premières intelligences, » se trouvant avec ses pareils, et n'est « pas plus intimidée devant M. Xavier de « Maistre que devant son fauteuil. »

Si elle vient à paraître dans les brillants tourbillons du monde, on dirait d'une fleur cueillie sur quelque

(1) *Journal passim.*
(2) *Lettres.*
(3) *Journal passim.*
(4) *Idem.*

mont alpestre, et transportée dans un riche parterre ; mais elle conserve toujours la fraîcheur de sa corolle , la tendresse de son teint, la finesse de son parfum. Cette physionomie champêtre, le naturel éclat de ses couleurs, la font distinguer entre toutes les fleurs belles, et ses charmes arrêtent le regard, même des indifférents...

« Je ne hais pas le monde, dit-elle, je sais y vivre et « m'en passer, et je plains ceux qui sont ses esclaves ou « ses fidèles, ses malheureux ou ses fous. »

Le moyen, en effet, de se contenter du monde , « quand on tient à la valeur morale des choses ! »

« Je m'enchante, ajoute-t-elle, aux conversations dis- « tinguées et sérieuses des hommes, comme aux cause- « ries, perles fines, des femmes, à ce jeu si joli, si déli- « cat à leurs lèvres. *C'est charmant, oui, c'est char- « mant, en vérité* (1), mais je ne m'en contente pas. »

Elle préfère le *parler de l'âme* (2).

N'allez pas lui vanter les divertissements ni les plaisirs du grand monde, « qui emportent l'âme je ne « sais où, » elle en connaît de bien plus doux, de bien plus intéressants. Enfant de la nature, elle trouve là de plus beaux concerts que vos concerts, de plus riches théâtres que vos théâtres, et surtout de meilleures jouissances que vos jouissances. Ecoutez :

« La grive chante tout aujourd'hui sous ma fenêtre. « Joyeuse petite bête ! Je me suis mise à l'écouter bien « des fois ; à prendre plaisir à ces sifflements, gazouille- « ments et salutations au printemps. Ces chants doux « et réjouissants sous un genevrier, montant avec l'air « dans ma chambrette, sont d'un effet que je ne puis « dire. Valentino n'en approche pas pour le charme ;

(1) *Chanson.*
(2) *Journal passim.*

« Valentino où j'entendais pourtant quatre-vingts mu-
« siciens et du Beethoven. Préférer à cela une pauvre
« petite grive ! quelle impertinence aux beaux-arts !
« Décidément je suis une sauvage. » L'aimable sauvage, organisée pour sentir avec tant de délicatesse,
doit recevoir de partout impression, émotion, vie et
plaisirs, non pas factices ou superficiels, mais réels et
profonds. Une fleur, un rayon de soleil, un horizon
limpide, « un chant de poules, » un grillon au foyer,
la neige, le vent, tout lui est écho, voix, symphonie,
tout lui donne fête.

« Oh ! c'était bien un rossignol que j'ai entendu ce
« matin. C'était sur l'aurore et sur un réveil, de sorte
« qu'ensuite j'ai cru que j'avais rêvé. Mais je viens d'en-
« tendre encore : mon musicien est arrivé, je note cela
« tous les ans, la venue du rossignol et de la première
« fleur. Ce sont des époques à la campagne et dans ma
« vie.

« L'ouverture du printemps, si admirablement belle,
« est ainsi marquée, et le retard ou l'avancement des
« saisons. Mes charmants calendriers ne s'y trompent
« pas, ils annoncent au juste les beaux jours, le soleil,
« la verdure. Quand j'entends le rossignol ou que je
« vois une hirondelle, je me dis : « L'hiver a pris fin, »
« avec un plaisir indicible. Il y a pour moi renaissance
« hors de la froidure, des brouillards, du ciel terne, de
« toute cette nature morte.

« Je reverdis comme un brin d'herbe, même mo-
« ralement.

« A mon réveil, j'ai entendu le rossignol, mais rien
« qu'un soupir, un signe de voix. C'était comme le pre-
« mier coup d'archet d'un « grand concert. »

« Poésie interrompue par la foudre. Quel bruit, quels

« éclats, quel accompagnement de pluie, de vents, d'é-
« clairs, d'ébranlements ! Rugissement terrible, voix
« d'orages ! Et cependant le rossignol chantait abrité
« sous quelque feuille ; on aurait dit qu'il se moquait
« de l'orage, ou qu'il luttait avec la foudre ; coup de
« tonnerre et coup de gosier faisaient un charmant
« contraste, que j'ai écouté appuyée sur ma fenêtre. J'ai
« joui de ce chant si doux dans ce bruit épouvantable. »

Quelles jolies perles ! Et combien elles sont plus belles encore dans l'encadrement de ce collier précieux qui s'appelle le *Journal d'Eugénie de Guérin !*

Il faudrait tout citer si nous voulions reproduire toutes les impressions, fraîches et poétiques, de cette amante de la nature. Elle les résume en ces termes :

« Tous les jours je me trouve heureuse d'avoir des
« bois, des prés, des moutons, des poules qui pondent,
« de vivre enfin dans mon joli et tranquille Cayla avec
« une famille qui m'aime. Qu'y a-t-il de plus doux au
« monde ? »

On a beaucoup loué l'esprit de cette jeune fille des champs ; on a admiré le trait, la grâce de son style, le beau de ses écrits, mais sans en définir la cause. On a cueilli le fruit sans regarder à l'arbre qui le porte.

Une organisation délicate y est pour beaucoup, sans doute, mais elle n'explique pas tout. Soit par système, soit par inscience, la critique légère a beau laisser dans l'ombre ce qui fait le fond de ce caractère séduisant, je veux dire ce spiritualisme *transcendant* qui est la foi chrétienne, elle ne fera pas que l'âme la mieux privi-légiée s'élève, par le seul fait de son organisation, à cette perfection de jouissance calme et tranquille, libre et pure.

Comment Eugénie de Guérin a-t-elle atteint cet état de liberté dans la jouissance, et de bonheur pur dans la sensation ? Telle est la question qu'il convient de résoudre.

Nous y réussirons en étudiant son âme, en l'analysant au point de vue chrétien. C'est le seul vrai.

On y voit un parfait exemple de ce que devient la vie quand elle a pris pour guide la foi, et on y assiste à la sainte alliance de la vertu et de la poésie, de l'innocence et de l'amour.

« De même qu'en musique, dit Maine de Biran (1),
« le sentiment dominant du musicien choisit dans la
« variété des sons ceux qui lui conviennent, et donnent
« à tout l'ensemble un motif unique ; de même, l'être
« intelligent et moral choisit un sentiment ou une idée
« dominante, qui est le centre ou le motif principal ou
« unique de tous les sentiments, de tous les actes de la
« vie. »

Eugénie de Guérin a su bien *choisir* dès le prélude : sa vie est *une* par l'harmonie qui règne dans toutes ses facultés, et par la prédominance d'un sentiment qui est le motif de tous ses actes.

Si un philosophe a pu définir l'homme *une intelligence servie par des organes*, on peut, à plus juste raison. définir Eugénie de Guérin une *âme* servie par des organes : âme supérieure et vivante, supérieure à la mobilité de la vie des sens, et vivante de cette vie intérieure et supra sensible qui, comme un centre, attire,

(1) *Journal intime*, œuvre posthume dont la publication fut naguère un événement en philosophie.

sans être jamais absorbé, les rayons de la circonférence externe; servie, et non pas gouvernée, par des organes délicats et impressionnables.

De cet harmonieux accord des facultés se détache une note principale et dominante, un sentiment qui donne à sa physionomie son originalité séduisante, un sentiment qui fait le poète, un sentiment enfin qui nous donne le secret de sa popularité; car c'est l'amour, l'amour dans son expression la plus élevée.

> « Oh ! que n'ai-je la voix et le cœur des archanges,
> « Pour aimer et chanter comme au divin séjour !
> « Que ne suis-je parmi les soleils ou les anges,
> « Pour me nourrir de feu, pour m'enivrer d'amour (1)! »

Messieurs, la femme ne comprend pas la philosophie rationaliste. Pour elle, l'entendement n'est pas la faculté première; c'est le cœur. Aimer est toute sa vie. Ce que nous faisons pour les aliments du corps, elle le fait pour la vérité, qui est l'aliment de l'âme : elle *goûte* la vérité, elle *goûte* le beau avant de le refléchir, et par la saveur qu'elle y ressent, elle les connaît et les juge. Au lieu de ce point de départ : *Je pense, donc j'existe,* un Descartes féminin eût dit : *Je veux, j'aime, donc j'existe.*

Je n'oserais affirmer que cette philosophie ne soit la véritable. C'est celle d'Eugénie de Guérin (2).

Que le sensualiste cherche le bonheur dans les sensations, et l'objet de ses désirs dans ce qui lui procure la satisfaction des sens; que le panthéiste le poursuive dans la *vie universelle* et dans les vagues aspirations

(1) *Journal passim.*

(2) C'est celle de Maine de Biran ; c'est celle de l'Évangile : *Gustate et vidate.*

de son âme vers l'Infini, dont il prétend être une émanation : que le mystique, sortant de lui-même et dédaignant le monde des réalités, place le repos de son âme dans la contemplation de l'Etre immuable : elle, par le privilége d'une nature parfaite, s'empare de ces trois manières de vivre, et y excelle.

Mieux que le sensualiste, elle sait user des choses matérielles sans en abuser, jouir des plaisirs sans y mettre son bonheur, cueillir la fleur sans ébranler l'arbre.

Mieux que le panthéiste, elle s'élève à l'idéal absolu, et, dans le libre dégagement des sens et des passions, le Vrai, le Beau illuminent son âme comme un rayon doré dans un ciel pur.

Mieux que le mystique, loin de mépriser le monde, elle l'aime dans ce qu'il a de beau : semblable à l'abeille qui butine de fleur en fleur, elle sait en extraire ce qu'il a de reflet divin, et la vie de son âme, loin d'étouffer au contact des *phénomènes sensibles*, y puise l'activité, l'énergie et les sucs de la beauté morale. Ainsi, l'aigle qui plane dans les hauteurs de l'espace et s'abreuve aux purs rayons du soleil, n'a d'autre appui que les frêles colonnes de l'air.

Oh ! le bel état de l'âme ! Sublimes mystères de l'âme pure, que vous êtes féconds ! C'est vous qui avez motivé cet aveu : « Ma conscience est tranquille.... d'une tran-« quillité d'amour. Sur un fond triste nage un calme « divin, une suavité que Dieu seul peut faire. »

Le souffle de ce siècle matérialiste et sceptique n'a pu l'atteindre ; elle croit, parce qu'elle aime. En dilatant son cœur, l'amour éclaire sa raison et lui insinue sans effort la vérité de toute chose. Sa foi est tout naturellement chrétienne, étant, suivant une expression

d'Isnard (1) : « de ces gens mieux avisés qui croient
« sans même y réfléchir. Pour avoir foi à la lumière
« l'œil sain a-t-il besoin de raisonner? Pour juger des
« couleurs est-il nécessaire de connaître les lois du
« prisme? »

Eugénie de Guérin croit, parce que dans la foi elle
trouve la libre expansion de son immense besoin d'aimer, la possession et la jouissance de la vérité. La possession lui donne le repos, et la jouissance lui imprime
l'activité : état psychologique où l'âme déploie toutes
ses facultés, et que Maine de Biran a très bien défini,
l'activité dans le repos. Exemple frappant, Messieurs,
d'une haute vérité philosophique, à savoir, que pour
connaître la vérité il faut l'aimer, et que les passions
sont des nuages ténébreux qui la voilent aux regards
de l'intelligence.

Je ne résiste pas au plaisir de détacher de la galerie,
où nous avons déjà pénétré, un petit médaillon où la
photographie morale d'Eugénie de Guérin se trouve
reproduite, avec les rayons fondus de la lumière qui lui
vient du ciel, et de la lumière qui lui vient des créa-
tures, d'en haut et d'en bas.

« Aurore d'un beau jour, tant en moi qu'au dehors ;
« soleil au ciel et dans mon âme. Dieu soit béni de ces
« douces lueurs qui ravivent parmi les angoisses. La vie
« est longue, il faut de temps en temps quelques cor-
« diaux pour la course : il m'en vient du ciel, il m'en
« vient de la terre, je les prends tous, tous me sont
« bons, c'est Dieu qui les donne, qui donne la vie et la
« rosée. »

Cependant, le concert harmonieux de cette vie si bien

(1) *De l'immortalité*: autre *Journal intime*.

ordonnée laisse entendre quelquefois des accords qui peuvent sembler discordants. Des esprits mal faits ont cru voir dans cette beauté des rides, dans ce bonheur de noirs nuages, dans cet écrin doré comme un *alliage* de mélancolie trop profonde et de tristesse désespérée.

La suite de ce discours, en achevant de fixer son portrait, pourra vous convaincre, Messieurs, que ce reproche peut souvent s'adresser à Maurice, jamais à Eugénie de Guérin.

Elle rêve, il est vrai ; mais le rêve contenu dans de justes bornes n'est-il pas la source de toute poésie ? Elle souffre dans son cœur d'un vide que rien au monde ne peut remplir ; mais est-ce à la façon des âmes vulgaires ou des *femmes incomprises ?* N'est-ce pas au contraire avec mesure, bon sens et religion ? Elle soupire quelquefois les soupirs de la mélancolie ; mais peut-il y avoir sur terre une joie sans une teinte de tristesse ? Comme si le fiel n'était pas au fond de la coupe des plaisirs, l'âme, comme elle dit si bien, recevant « sous « les sens moins qu'elle ne perçoit (1). »

Son rêve à elle, sa mélancolie, ses aspirations, ce besoin d'amour et de bonheur, tous ces sentiments qui la tourmentent, s'expliquent et se reproduisent par cette parole : « Mon âme est tourmentée du mal du pays. » C'est le *mens divinior* des anciens, c'est l'*eimrech* des Allemands, c'est le mot de Platon dans le *Timée :* « Nous sommes une plante du ciel, non de la terre ! »

Comme l'exilé soupire après la patrie absente, ainsi elle soupire après l'Infini ; comme le captif repait son imagination des chers objets que lui rendra la liberté, ainsi elle caresse dans son esprit les images de la beauté

____

(1) *Journal.*

réelle, « dont les symboles sont partout empreints dans
« la nature (1). »

Romantique dans la meilleure acception du terme,
elle appartient à cette famille privilégiée des Château-
briand, des Jouffroy, des Paul Reynier, des La
Ferronays (2), de toutes les âmes d'élite que le réalisme
n'a point déflorées, et pour qui la nature créée est un
degré qui rapproche de Dieu; un miroir qui reflète tout
ce qui est beau, tout ce qui est saint, tout ce qui est
aimable.

> « Que mon désert est grand, que mon ciel est immense :
> « L'aigle sans se lasser n'en ferait pas le tour ;
> « Mille cités et plus tiendraient en ce contour ;
> « Et mon cœur n'y tient pas, et par de là s'élance.
> « Où va-t-il ? où va-t-il ? oh ! nommez-moi le lieu ?
> « Il s'en va sur la route à l'étoile tracée ;
> « Il s'en va dans l'espace où vole la pensée ;
> « Il s'en va près de l'ange, il s'en va près de Dieu ! »

« L'oiseau qui cherche sa branche, l'abeille qui cher-
« che sa fleur, le fleuve qui cherche sa mer, volent,
« courent jusqu'au repos. Ainsi mon âme, ainsi mon
« intelligence, mon Dieu, jusqu'à ce qu'elle ait trouvé
« sa fleur, sa branche, son embouchure. Tout cela est
« au ciel ; au ciel, lieu de l'intelligence, seront comblés
« les besoins intellectuels. Oh ! je le crois, je l'espère;
« en ce monde, ombre de l'autre, on ne voit que l'om-
« bre de la félicité. ».

Ce qui manque à son cœur, ce n'est donc pas, comme
l'ont prétendu certains critiques, un complément, un
compagnon de son existence : jamais cœur de femme
ne se trouva moins isolé, ni plus satisfait.

(1) *Etude sur le symbolisme*, par M. de la Bouillerie.
(2) *Récit d'une sœur*, par madame Craven de la Ferronays.

On surprend bien, il est vrai, dans ses épanchements secrets et dans sa correspondance avec madame de Maistre, deux ou trois allusions au célibat, que paraît lui imposer sa position de famille et de fortune ; mais on ne peut appeler cela un désir ou un regret de mariage, c'est tout au plus un léger tribut payé à la faiblesse humaine.

Cette âme supérieure possède le plus en amour, rien n'indique qu'elle regrette le moins. Le plus, c'est l'alliance des goûts, des pensées, des cœurs, la fusion de deux âmes, le bonheur tranquille d'un amour de frère et de sœur : le moins, c'est l'alliance de deux fortunes, de deux cœurs, de deux volontés si rarement en parfaite harmonie !

Chez elle, le tempérament moral avait absorbé les passions de la femme, et les besoins intellectuels avaient débordé les besoins grossiers.

Toutes les fibres de son cœur virginal soupirent, comme une harpe d'or, les harmonies de la poésie, de la vertu, de l'amour ; tout lui donne vie et jouissance : mais l'amour de son frère Maurice, son frère par le sang, le frère jumeau de son âme, le fils de sa tendresse, a depuis longtemps rempli son cœur et le remplit jusqu'à plein bord... Elle souffre de ses souffrances, jouit de ses jouissances, elle a « tout mis en lui, » elle vit de sa vie.

Poète comme sa sœur, et comme elle amant de la nature, Maurice l'égale, sinon en beauté morale, du moins en talent. Son âme « va si bien à la sienne, qu'on « dirait d'une seule, mais dédoublée (1). » « Avec le « parler de Maurice commence leur causerie. Courant « les bois, ils discourent sur les oiseaux, les nids, les

(1) Maurice de Guérin, *Journal.*

« fleurs, sur les glands. » Ils se questionnent l'un l'autre : bientôt lui paraît plus savant, parce qu'il récite les *Eglogues* de Virgile, qui semblent faites pour tout ce qui est sous leurs yeux. Elle aime à l'entendre, « à jouir de cette parole haute et profonde, ou de ce « langage fin, délicat et charmant, » qu'elle ne connaît qu'à lui (1).

Transparentes l'une à l'autre, ces deux âmes étaient faites pour s'aimer. A la lettre, elles pouvaient s'appliquer ces paroles d'un père de l'Eglise (2) « Vous « n'avez qu'à descendre au fond de votre cœur pour y « trouver le mien. » Mystérieux hymen d'intelligence et de goûts, « relation large, unie et de tenue (3). »

Aussi l'amour d'Eugénie, qui dans la suite sera plus fort que la mort, est-il maintenant saint et profond comme ce qu'il y a de plus saint et de plus profond dans le cœur humain : l'amour d'une mère.

Elle éprouve, elle ressent tous les tourments de l'amour maternel, depuis le jour où, vers la fin de janvier 1822, « le roi de son cœur, » son cher Maurice quittait pour la première fois son nid du Cayla, et arrivait au petit séminaire de Toulouse, pour y faire ses études.

D'abord, elle le voit avec bonheur incliner vers l'état ecclésiastique, puis entrer à la Chênaie, « cette sorte « d'oasis au milieu des steppes de la Bretagne, » où M. de Lamennais avait fixé sa retraite de lion après son voyage de Rome.

Elle veut connaître, partager, modérer quelquefois ses imaginations sur les choses naturelles, ses gémisse-

(1) Eugénie, *Journal passim.*
(2) Saint Bernard.
(3) *Journal passim.*

ments, ses éclats de joie, ses luttes, ses enthousiasmes, ses épanchements d'affection, ses souffrances intimes. Car Guérin, âme trop élevée pour être satisfaite par les jouissances du monde, sensitive trop délicate pour n'être pas froissée par la réalité commune, Guérin était toujours triste. Deux fois blessé d'amour, aucun amour humain ne dépassait *les avenues fermées du sanctuaire de son cœur* : on a très justement observé qu'une pure amitié de jeune femme, au lieu d'allumer sa passion, la calmait (1).

Indifférent aux ambitions vulgaires, amant passionné de l'Idéal, d'une mélancolie maladive, désenchanté à vingt ans, il ne connaissait pas, comme sa sœur, l'arrêt et la mesure.

Ses amis ne cessaient de le gronder, le surnommant *le malade d'Infini.*

La défection, je dois dire la chute de Lamennais, avait dispersé les quelques disciples qui poursuivaient leurs études sous sa direction.

Après quelques mois de séjour chez M. de la Morvonais, au val de l'Arguenon, « noble et gracieuse « demeure, » Maurice de Guérin se trouva jeté sur le pavé glissant de Paris.

« A une vie toute faite dans la solitude, observe très « justement Eugénie, succéda une vie à se faire dans le « monde. »

En proie à toutes les difficultés d'une place au soleil à conquérir, elle le voyait exposé à perdre sa foi, troublée peut-être déjà par les influences de son illustre maître.

L'esprit, aussi bien que le corps, s'assimile volontiers

(1) Sainte-Beuve. *Notice sur Maurice.*

les éléments de l'atmosphère ambiante. Dans le tourbillon de la vie parisienne, Guérin, secouant sa timidité native, se laissa bientôt gagner à l'esprit du siècle...

Au lieu d'y trouver des ailes (1), son âme y perdit, au témoignage d'un de ses admirateurs et amis (Du Marzan), « cette fleur virginale de piété douce et de « poésie, qui avait eu la durée du bonheur de Maurice, « comme la musique du rossignol dure le temps de sa « couvée. »

Ce n'est pas étonnant , les relations de l'âme avec Dieu la dégagent, l'isolent du monde sensuel, lui découvrent les perspectives de l'Idéal, et lui en révèlent quelquefois les demi-intuitions.

Il est vrai, sa plume devint alors plus ferme, et sa prose plus serrée produisit le *Centaure*, œuvre admirable de talent, mais ennuyeuse. Cependant les fraîches impressions du Cayla, de la Chênaie, du val de l'Arguenon , étaient déflorées, et, il faut bien l'avouer, son esprit tourmenté n'avait plus d'ancre pour fixer idées ou sentiments. Il s'égarait dans le vague des impressions naturelles, et sa faim trompée n'y trouvait pas d'apaisement.

Il n'en est point du génie comme d'Antée : au lieu de retremper ses forces en touchant la terre, il faiblit, il dégénère. Oh ! le cœur d'Eugénie ne s'y trompait pas. Il faut lire dans les *Lettres* ses inquiétudes et ses anxiétés à ce sujet. Elle se compare à une vraie Monique en quête d'un Augustin. Trouver pour Maurice une honnête position sociale, ce n'est pas déjà si aisé quand on est pauvre ; mais son âme livrée aux entraînements et aux défaillances; mais sa foi exposée aux séductions

(1) N'en déplaise au célèbre critique déjà cité.

des erreurs contemporaines !... Quelle influence douce et forte contrebalancera de si périlleuses influences ? Quel secours providentiel le sauvera du naufrage ?...

C'est elle-même qui sera cette providence, c'est son amitié de sœur-mère qui le retiendra par les liens d'une affection ineffable. C'est son intelligence qui l'éclairera par l'ascendant d'un génie semblable, mais supérieur au sien : semblable par un même caractère d'élévation et de poésie : supérieur parce qu'il a un point d'appui plus ferme, la foi.

Poète comme son frère, elle a sur lui la supériorité de la force morale.

Impressionnable comme lui, elle n'est pas dominée par ses impressions : lui les subit, les épuise ; elle les maîtrise à son gré, et en use avec cette sobriété qui est le cachet de l'art ou de la vertu qui se possède.

Tendrement éprise aussi bien que lui des beautés mystérieuses de la nature, elle marque à son imagination, comme Dieu aux flots de la mer, l'arrêt : et les rêves de sa mélancolie vont s'épancher et se réaliser dans l'amour du devoir, auquel elle se livre avec un joyeux empressement, dans une piété profonde et naïve, aimable et exacte.

La piété est l'âme de son âme, le foyer, le besoin de son cœur, le tout de sa vie, le talisman qu'elle confie à son cher Maurice. N'est-elle pas aussi la compagne de sa solitude ?... Et peut-on en désirer une preuve plus charmante que celle-ci :

« Que ferai-je de ma solitude et de moi aujourd'hui ?
« Comme Robinson dans son ile, je suis seule avec un
« chien et un berger, sorte de Vendredi presque aussi
« sauvage que l'autre. Avec qui parler ? Avec qui
« penser ? Avec qui vivre la vie d'un jour ? Le chien

« entend les caresses, mais l'homme qui n'entend rien,
« qui, si je lui demande un verre d'eau, ne saura ce
« que je veux lui dire, lui parlant français, ce valet des
« moutons, je l'envoie à ses bêtes. Maintenant, portes
« fermées, verrous tirés de peur des vagabonds, me
« voici dans le blanc salon avec la blanche Madone,
« ma céleste compagne, belle et douce à voir. Je la
« regarde comme si c'était quelqu'un... Je ne suis pas
« aussi seule que je croyais, et ma pensée a pris bien
« des cours différents, véritable oiseau se reposant
« toujours sur la même branche : Dieu et Maurice. Elle
« revient là quand elle a fait le tour du monde. Il
« n'y a en rien et nulle part de quoi me plaire à fond,
« le désenchantement est au second coup d'œil. Il s'en-
« suit des larmes parfois, mais un regard en haut les
« arrête, les console. Je *sais ce que je dois à ces*
« *élévations célestes, je sais ce que je vois dans ces*
« *clartés surnaturelles, et alors mon âme s'apaise.* »

Oui, on ne peut le nier, c'est la piété qui conserve à
ses impressions la fraîcheur et la variété; c'est elle qui
donne à son cœur la réserve dans l'amour ; à son esprit
l'expérience acquise ou devinée, la sagesse dans le
jugement et à son âme ; cette paix qui manque à son
frère, et que le monde ne peut pas donner. C'est elle,
en un mot, c'est la foi qui forme son caractère et son
génie. Elle aussi qui inspire ses *Lettre* et son *Journal*
et leur donne un incomparable accent de supériorité.

Le *Journal d'Eugénie de Guérin*, qui nous guide dès
le commencement et auquel nous élevons ici un faible
monument, à ses frais, n'est pas une œuvre éclose en

chaude serre de la littérature. C'est une empreinte de son âme, un *memorandum* de ses impressions intimes, et, comme elle le dit elle-même, « une espèce de *boite* « *à secrets*, » c'est encore une confidence qui descend au fond du cœur de celui qui en est l'objet, et très bien caractérisée par cette épigraphe : Je me dépose dans votre âme. Et enfin, « c'est de l'intime, c'est de l'âme, « c'est pour un. »

Confessions, conférences, mémoires, journal quotidien, bien des auteurs ont laissé après eux des écrits intimes ; mais tous, composés en vue de la publicité, semblent poser devant des spectateurs avec des costumes plus ou moins solennels. Seule, Eugénie de Guérin parait sur la scène dans sa naïve simplicité, sans le savoir et sans le vouloir.

C'est pour son cher Maurice, uniquement pour lui, que tous les jours, à peu près, elle fait son *Journal*.

Sans art et sans apprêt, elle jette là, à pleines mains, son esprit, son cœur, son âme, « avec tous ses caractères. » Elle y note, au hasard de leur apparition, ses pensées, ses conseils, ses travaux domestiques, les échos des choses d'en haut, » les petits événements de la campagne, et sa plume, semblable à ces fées merveilleuses qui changent tout en or, sa plume relève, enchasse, incruste d'or tout ce qu'elle touche.

J'ai dit sa plume, j'aurais dû dire sa pensée : car c'est en elle-même, au fond de son être, qu'elle trouve une telle abondance de vie, capsensée talimentée, par la foi, est comme un sens particulier qui donne aux sensations et aux impressions, le calme, la saveur, le parfum.

Ainsi, l'amour fraternel est seul en jeu, et cet amour de sœur fait épanouir un recueil de soliloques, aussi touchants et aussi beaux que les plus beaux poëmes. Elle se fait par dévouement l'ange gardien de son frère, et il arrive que, poète, cet ange de la terre chante comme les anges des cieux.

Son frère lui avait dit : « Quand je ne pourrai plus « les entendre (les bruits de la nature), ô ma sœur ! que « ta lyre m'en fasse encore jouir.. Oh ! viens me les « chanter, ces bruits de la nature, viens chanter pour « ton frère au collége, comme la calandre de dehors « chante à la calandre de dedans. »

Et la sœur de répondre : « Puisque tu le veux, mon « cher Maurice, je vais continuer ce journal qui t'est si « cher. » Et le chant, et la lumière, et l'innocence, coulent de son âme aimante et pure, comme l'eau coule de la source. Elle chante, elle chante son doux Cayla, et ses bosquets, tout peuplés de souvenirs harmonieux. Elle chante la nature avec ses bruits répandus dans les airs, elle chante, et c'est le ton de la causerie : son refrain est toujours une élévation un *sursùm corda* continuel, une révélation du monde invisible.

Tandis que lui, pareil à la calandre de dedans, reste enfermé, encagé dans un naturalisme mesquin qui attache les ailes de l'âme, elle, comme la calandre de dehors, déploie ses ailes et vole, vole sur les hauteurs de la nature, sur les rameaux de l'amour : elle prend son vol comme la colombe, ou s'élève comme l'alouette, s'élève en chantant jusqu'à Dieu, raison dernière de toutes choses.

Son imagination tient du paysagiste autant que du poète, mais contenue ; la touche en est fine, délicate, légèrement enlevée : son expression, harmonieuse, propre, avec une teinte romantique, naturelle jusqu'au sans-façon, couvre une pensée nette, précise, naïvement pieuse. Ses réflexions, sortant de tout sujet avec une simplicité charmante, désespèrent les plus habiles psychologistes. Enfin, elle charme, elle instruit, elle console son lecteur, c'est-à-dire son confident, en touchant les fibres du cœur, et en remuant les meilleurs instincts de la nature humaine.

Et pour que rien ne manque à la puissance enchanteresse de cette lecture, on y rencontre, aussi bien que dans la vie de l'auteur, le mouvement et l'unité.

Son âme vous a déjà laissé voir l'activité dans le repos; son *Journal* vous offre tout l'intérêt du mouvement dans un sujet uniforme : le même amour anime l'un et l'autre. Est-il nécessaire de dire que c'est toujours *Lui*, toujours Maurice ?

Bientôt, en effet, se dégage une sorte d'intérêt dramatique.

Un mal réel, qui explique trop bien la mélancolie de Maurice, se déclare peu à peu. Nouveau et grand sujet de sollicitude pour sa sœur. Elle souffrira maintenant de sa toux comme elle a souffert de sa mélancolie et de la défaillance qui gagnait « sa chère âme. » Il n'est rien comme la douleur pour raviver les affections : en elle les âmes qui s'aimaient déjà se comprennent et s'embrassent dans une mystérieuse union qui console et soutient.

Cependant, parmi les noirs nuages des tristes pressentiments, le soleil vient à briller un jour, pareil à l'étincelle dans le foyer qui va s'éteindre. Après trois ans de fatigues morales et physiques, simple professeur au collége Stanislas, ce frère, qui est le fils de son cœur, a trouvé le repos auprès d'une jeune, jolie et riche Indienne, « ange d'amour et de soins donné de Dieu « auxderniers jours de Maurice. »

A cette époque, les *Lettres* d'Eugénie excitent un plus vif intérêt. Elles sont datées, non plus du Cayla, mais de Nevers et de Paris, où elle va pour assister au mariage de son frère. On devient curieux de savoir comment cette enfant de la nature appréciera la nouvelle société où elle va paraître. On la suit avec sympathie ; on est impatient de connaître les impressions, les jugements de cette solitaire aimable et judicieuse...

Ce qu'elle trouve dans le monde parisien est bien fait pour humilier nos prétentions vaniteuses : nous en avons dit un mot dès le début. Elle admire, mais rien ne l'étonne (1).

Dans Maurice elle retrouve son frère tout entier, « jeune, intelligent, aimable, sensibilisant tout ce qui « l'approche. » Tel, en un mot, qu'elle le veut, « quoique « un peu amaigri. »

Mais hâtons-nous, car le bonheur n'est pas une tige dont les racines se cramponnent à la terre. Les inquiétudes, les alarmes de celle qu'on a appelée une *Electre chrétienne*, vont croissant...

Un matin le *Journal* s'interrompt. Voici son dernier « tous les jours, » navrant et chrétien. « Mon ami, mon « frère, mon cher Maurice, je ne sais que dire, que « penser, que sentir. Après Dieu, je ne suis qu'en toi, « comme une martyre, en souffrant. Toute rédemption « se fait par la souffrance. Acceptez la mienne, mon « Dieu ! coupez, tranchez en moi, mais qu'il se fasse « une résurrection. »

La résurrection ne se fit pas : quelque temps après, le 8 juillet 1839, Maurice, épuisé par les fatigues, dévoré par ses rêves et consumé par des aspirations trop

---

(1) Pas même les splendeurs du Louvre où, malgré les révolutions qui en chassent les rois, les fourmis trouvent toujours un bon logement.

ardentes, Maurice, ramené de Paris par sa sœur, arrivait mourant au Cayla. « *La lame avait usé le* « *fourreau.* » Huit jours après, l'Idéal que son âme tourmentée demandait en vain aux mystères de la nature, « le malade d'Infini, » allait le contempler dans toutes ses splendeurs : les anges de la famille, veillant à son chevet, reçurent son dernier soupir !... Cette mort, « tout embaumée de sainteté et d'amour, » fut le digne couronnement de sa vie. Ses tendances religieuses, un moment incertaines, mais toujours surveillées par son bienfaisant génie du Cayla, devaient reprendre toute leur énergie au contact des clartés que donne la mort. Ce fut la seule consolation de sa pieuse sœur, car le même coup avait brisé deux existences.

Loin donc de cette pure mémoire tout soupçon de panthéisme : « Oh ! oui, la foi lui était revenue, vive et « profonde ; cela s'est vu dans des actes religieux, des « prières, des lectures et dans ce baiser à la croix fait « avec tant d'âme et d'amour avant de mourir. Oh ! moi « qui le voyais faire, qui le regardais tant dans ses « dernières actions, j'ai dit, mon Dieu ! j'ai dit qu'il s'en « allait en paradis. »

Quand deux âmes se sont unies dans le mystérieux hymen d'une tendresse connue et bénie de Dieu, la mort peut les jeter à distance, elle est impuissante à briser leurs liens, et plus ces liens ont été purs, moins elle les brise, elle les rend éternels.

« Non, mon ami, la mort ne nous séparera pas, ne « t'ôtera pas de ma pensée, la mort ne sépare que le « corps : l'âme, au lieu d'être là, est au ciel, et ce chan- « gement de demeure n'ôte rien à ses affections. Bien « loin de là, j'espère, on aime mieux au ciel où tout se « divinise. »

Au souffle des grandes douleurs et au souffle des grandes passions, la lyre doit vibrer plus émue. Celle d'Eugénie, désormais voilée d'un crêpe noir, ne peut rester longtemps muette.

Soit par l'effet d'une ancienne habitude, soit pour épancher le trop plein de son âme, soit pour continuer, par une sorte d'illusion, cette causerie intime, besoin de son cœur, elle reprend son *Journal* interrompu.

Voici, ce me semble, le côté le plus original et le plus instructif de ce précieux recueil : on y trouve cette maturité de l'âme que procure une grande douleur acceptée.

Elle l'adresse, par delà la tombe, « encore à lui, à « Maurice mort, à Maurice au ciel. » Ce qu'elle faisait autrefois pour lui, elle le continue en lui, dans la pensée qu'il s'y intéresse, « relation de ce monde à l'autre par « l'écriture et la prière, les deux élévations de l'âme. »

Les premières pages de ce second acte du drame semblent écrites avec des lames de feu. Elles font croire tout d'abord à l'exagération ; elles font dire : Cette douleur n'est pas contenue, elle est extravagante.

Et, en effet, elle apparaît profonde comme une mer dont les flots menacent de déborder. Mais, parvenus au grain de sable marqué par le doigt de Dieu, ils expirent doucement, et rentrent dans les profondeurs de l'immense bassin.

A tous elle parle de lui, toujours de lui, partout elle ne voit que lui, et par le vent, et par le soleil, et par le jour, et par le sommeil de la nuit, son souvenir est là, toujours là, dressé devant elle, profond et doux, triste comme un cyprès, grand comme un cèdre. Qui aima jamais comme cette sœur ? Electre, Antigone, vous n'êtes que de pâles ombres !...

« Maurice, un torrent de tristesse a passé sur mon
« âme aujourd'hui. Chaque jour agrandit ta perte,
« agrandit mon cœur pour les regrets.

« Mon âme vit dans un cercueil. Oh ! oui, enterrée,
« ensevelie en toi, mon ami : de même que je vivais en
« ta vie, je suis morte en ta mort, morte à tout bonheur,
« à toute espérance ici-bas. J'avais tout mis en toi
« comme une mère en son fils.

« Toujours larmes et regrets. Cela ne passe pas : les
« douleurs profondes sont comme la mer, avancent,
« creusent toujours davantage. »

On croirait que celle-ci va déborder.

Mais non. Dans son apparente violence, cette douleur
est tout ce qu'il y a de plus raisonnable ; dans son immen-
sité, cet océan connaît le calme : l'espérance en est le
rivage, l'amour en est l'étoile, et Dieu le centre.

« Tonnerre, orage, tempête au dehors, mais calme
« au dedans. Le repos n'est bon qu'en Dieu, ce repos des
« âmes saintes, qui avant la mort sont sorties de la
« vie. Heureux dégagement ! Je meurs d'envie de tout
« ce qui est céleste : c'est qu'ici-bas tout est vil et porte
« un poids de terre. »

« Pourquoi des larmes montent-elles ce matin ? Pour-
« quoi ce retombement dans la douleur et l'an-
« goisse ? Demandez au malade pourquoi son mal lui
« revient. Si j'étais près d'une église, je m'en irais les y
« apaiser, me perdre, m'absorber dans la communion... »

De cette vie, toute de souffrance et d'amour, circons-
tance admirable, il ne paraît rien au dehors ! Elle se
fait dans le secret, devant Dieu, et sur la feuille de
papier blanc. Les *Lettres* de cette époque, adressées aux
intimes, témoignent d'un regret ineffaçable, sans doute,
mais aussi d'une grande force d'âme et d'une parfaite

résignation chrétienne. Les larmes du cœur ne coulent bien qu'à l'abri de tout regard étranger ou indifférent.

Cependant, un scrupule lui vient sur l'utilité de son *Journal*, qui désormais paraît sans but. Elle se dit : « A « quoi servent, à qui serviront ces pages ? Ce n'était de « prix que pour lui, Maurice, qui retrouvait là sa sœur. « Que me fait de me retrouver ! »

Elle se réfute elle-même. « Mais si j'y trouve une « distraction innocente, si j'y mets pour les y mettre les « bouquets de mon désert, ce que je cueille en solitude, « mes rencontres, mes pensées, ce que Dieu me donne « pour m'instruire ou pour m'affermir, oh ! il n'y a pas « de mal sans doute. Et si quelque héritier de ma cellule « trouve cela et trouve une bonne pensée, et qu'il la « goûte et devienne meilleur, j'aurai fait du bien. Sans « doute je crains de perdre le temps, ce prix de l'éternité; « mais est-ce le perdre de l'employer pour mon âme et « pour un autre ? Qu'ai-je à faire d'ailleurs qu'à coudre « ou qu'à filer ? Si mes doigts étaient utiles au ménage, « je ne les mettrais pas ici. »

Cette supposition, qu'un jour son *Journal* pourrait tomber en des mains étrangères, lui revint, dit-on, avant de mourir, et, soit qu'elle y surprît un sentiment de vanité, soit qu'elle craignît de voir les secrets de son âme jetés à tous les vents, elle voulut que tous ses papiers fussent brûlés. Grâces à Dieu ! ce vœu ne s'est pas réalisé; mais la publication qui en a été faite en réalise un autre plus élevé : le bien incalculable qu'elle devait faire aux âmes.

Elle accomplit aussi un désir bien cher à son cœur, le dernier, le seul qui lui restât sur terre : la résurrection littéraire de Maurice. Quand celui-ci prit possession de cette gloire, dont tous les soins de son incomparable sœur n'avaient pu réunir les rayons dispersés, déjà ils s'étaient rejoints au ciel (1). Mais Maurice vivait dans l'intelligence et dans le cœur des âmes d'élite, moins pour les belles pages dont il a enrichi la littérature que pour avoir été le frère aimé, et digne de l'être, d'Eugénie. La mort, qui les avait un instant séparés, les a unis pour toujours, unis par la gloire, unis par leurs cendres.

A l'ombre de cette modeste église d'Andillac, « qui fait rêver, » le touriste ou le pieux pèlerin distingue deux simples colonnes funéraires, et y lit, non sans émotion, ces deux mots : Eugénie, Maurice.

L'antique blason des Guérin du Cayla est rajeuni. A sa belle devise : *Omni exceptione majores*, il pourrait ajouter cette autre : *Foi et poésie*.

Tout entier, Messieurs, à la pensée de fixer les traits de cette sainte fille, sur le front de laquelle Clémence-Isaure veut placer une gracieuse couronne, j'ai glissé sur le côté littéraire de sa gloire posthume. Je n'ai point parlé de certaines incorrections de langage, ni de quelques négligences de style qu'on lui a reprochées, ni d'une apparence de monotonie dans un sujet uniforme. Que nous font-elles ? Ce sont les ombres d'un joli tableau. On les aime, non pas pour elles-mêmes, mais pour l'effet qu'elles produisent dans l'ensemble : les vives couleurs en reçoivent un surcroît d'éclat, la familiarité de l'expression, le laisser-aller de la phrase avec ses plis peu symétriques, sont un vrai défaut aux yeux du critique sévère ; mais le lecteur qui trouve la jouissance de l'esprit, le charme du cœur, la leçon de la vie, ne regarde pas à toutes les règles de la symétrie : il admire, il aime plus qu'il n'admire, il réfléchit, il se livre au

(1) Le 31 mai 1848.

plaisir d'une lecture enchanteresse, et il permet à la beauté un gracieux négligé et un aimable sans façon.

D'ailleurs, le genre intime, qui va si bien à notre goût blasé, n'est soumis à aucune règle *à priori;* il est en dehors des conditions ordinaires de la littérature, et certaines négligences, qui seraient répréhensibles partout ailleurs, sont ici comme un agréable goût de terroir.

Qu'il soit spontané, vrai, qu'il soit beau, c'est tout. De même que la conversation aux allures libres et dégagées n'est pas le discours oratoire, l'écrit intime n'est pas le livre d'apparat. Il suffit qu'il nous montre l'intérieur inconnu du vulgaire, en nous disant : Voilà la réalité du cœur humain, voilà la nature prise sur le fait. Si nos types ressemblent peu à ceux des romanciers, c'est qu'ils sont vrais, ils sont pris dans la vie réelle : à eux le charme, la grâce, la beauté.

Messieurs, j'ai essayé le portrait d'Eugénie de Guérin,
encadré dans quelques rubans roses qui lui appartien-
nent. Si mes faibles paroles ne sont pas trop inférieures
au culte que je lui ai voué, si elles ne sont pas trop indi-
gnes de ce sujet délicat et difficile, vous aurez reconnu
dans le premier croquis de son caractère extérieur et ap-
parent, dans l'étude de son âme, dans la physionomie
de son *Journal*, vous aurez reconnu et aimé un poète,
une grande chrétienne, une âme ardente et d'élite.

Ses *Lettres*, tout embaumées de cœur, d'esprit et de
sagesse, vivront dans la mémoire des hommes, non pas
à côté de madame de Sévigné mais comme un digne
pendant du *Journal* qu'elles éclairent, qu'elles reproduisent souvent, sans le répéter. Et son *Journal* restera
comme un modèle, peut-être inimitable, de foi, de poésie,
de vertu, d'amour fraternel. Il vivra par la séduction
qu'exerce la beauté, il vivra dans bien des âmes par la
maternité de la vie nouvelle qu'il leur aura communiquée,
il vivra dans le souvenir des délaissés, des méconnus,
par l'utilité de ses leçons et de ses exemples autant que
par le charme de son poétique langage.

Et maintenant, soyez loués, Messieurs et dignes fils de l'immortelle Isaure, soyez loués pour avoir voulu décerner un triomphe à l'aimable poète du Cayla ! Elle est de race. Elle est digne de prendre place dans la galerie illustre du *gai savoir*, car au fond de son âme virginale et au frontispice de son histoire, on lit, en gros caractères, ces deux mots qui sont votre devise et votre honneur : Foi et poésie...

Impr. Franc et Comp. Toulouse.